La seguente trattazione , non e' una guida completa sui calcolatori , ma

un'analisi di alcune parti del PC .

Gli argomenti trattati sono i seguenti :

CPU , Memoria centrale , memoria Rom , P rom , Eprom , E eprom , i
Registri della CPU.

CPU , sta per Control Process Uni t , che a sua volta si divide in ALU e
CU , ALU sta per "Aritmetic Logic Unit" , e CU sta per "Control Unit"
la sua funzione principale e' quella di eseguire operazioni aritmetiche e
logiche , e di controllo e gestione del PC .

La memoria centrale detta anche volatile , si azzera quanto il computer
non e' alimentato o RAM " Random access Memory" , la sua funzione
e quella di immagazzinare i dati durante le operazioni del computer , i
cui dati sono persi quanto il computer e' spento , la memoria Rom ha la
funzione opposta , memorizza dati in maniera permanente in genere non
dall'utente , ma i dati sono già memorizzati al momento dell'acquisto del
PC , un esempio classico di questo tipo di memoria e' il BIOS , "BASIC
I/O System" la cui funzionalità' e' quella di avere immagazzinate all'interno
informazioni in maniera permanente , utili allo configurazione del computer ,
esempio"Bootstrap priority" per stabilire la priorità' di esecuzione delle varie
periferiche , come un CDROM, HARDDISK ecc. , la Pro m e' una Rom che
si può' programmare e quindi manipolare , Eprom si può programmare elettricamente e cancellare il suo contenuto , Eeprom si può ' programmare elettricamente cancellare e riscrivere elettricamente.

Infine i registri sono delle piccole memorie temporanee , il cui scopo e quello
di conservare in maniera temporanea le informazioni immagazzinate.

MEMORIA CENTRALE

Lo schema di una SRAM o in genere DRAM e' il seguente :

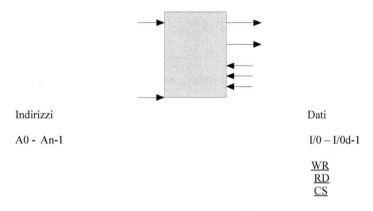

Indirizzi   Dati

A0 - An-1   I/0 – I/0d-1

                                             WR
                                             RD
                                             CS

Per leggere/scrivere un bit e' necessario fornire alla memoria prima l'indirizzo di riga

(RAS , Row Address Strobe) e poi l'indirizzo di colonna (CAS , Column Address Strobe)

Come mostrato dalla figura , il piedino WR , si usa per il comando di scrittura , il piedino

RD , per la lettura , nel piedino CS viene collegato il segnale di selezione ricavato dalla

decodifica della parte alta dell'indirizzo.

DISCHI MAGNETICI

L'hard disk , e' il principale dispositivo di memorizzazione di massa , i cui dati sono permanenti e modificabili dall'utente ,utilizzabili per un lungo tempo , il disco floppy e dischi ottici con una maggiore capienza. Nello schema si può osservare il disco rigido , esso e' formato da un certo numero di piatti le cui superficie e' ricoperta da uno strato materiale magnetico che funziona da supporto per la memorizzazione .

Le unita' HDISK in commercio hanno da 1 a 20 piatti , il diametro dei piatti da 1 a 5.25 pollici , nei personal computer da tavolo vengono normalmente usati dischi da 3" ½ , nei portatili da 2 " . I piatti sono in perenne rotazione con velocità' costante compresa tra 3600 e 7200 giri/minuto ma ci sono dischi che vanno a 15000 Giri/minuto.

Le testine di lettura/scrittura sono solidali tra loro . Una sola testina legge/scrive in un dato istante , i piatti e le testine sono all'interno del contenitore sigillato.

Ogni faccia magnetizzata e' suddivisa in tracce , che sono cerchi concentrici su cui sono memorizzati i dati . Il numero di tracce per faccia va da 1000 a 5000 .

Ogni traccia e' divisa in settori . Il settore e' l'unita' minima di lettura/scrittura.

Il numero dei settori per traccia va da 64 a 200 , il numero dei settori per traccia e' costante in maniera indipendente dal diametro della traccia. La dimensione del settore in genere e' di 512 Byte ma sono usate anche dimensioni più' ampie , 1024 , 2048 Byte .

L'insieme delle tracce che stanno su un cerchio di un dato raggio sulle diverse facce costituisce il cilindro .

Nella pagina seguente si può' osservare la figura dello schema.

Come si può' notare nella figura , i cerchi concentri a forma di ellisse sono i piatti del cilindro

dell'hard disk , in cui le testine di scrittura e lettura leggono e scrivono i dati da memorizzare .

Ogni piatto e' formato da 1000 a 5000 tracce , che sono cerchi concentrici , all'interno dei

quali vi sono i settori , l'unita' più piccola di memorizzazione dell'Hard disk , la sua capacita'

in genere e' di 512 Byte.

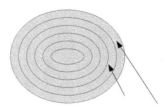

In questa figura si possono osservare le tracce dell'hard disk , che come detto sono
cerchi concentrici (cioè' avente lo stesso centro)

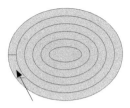

In quest'ultima figura , si può ' osservare il settore , che e' una parte della traccia

ed' la più' piccola unita' di memorizzazione .

CPU

Per elaborare le istruzioni di un programma , la CPU utilizza il PC detto anche

(Program Counter) , il registro di CPU , esso ha la funzione di contenere l'indiriz-

zo dell'istruzione successiva .

In genere l'esecuzione di un'istruzione prevede le seguente fasi

1. lettura dell'istruzione in memoria all'indirizzo contenuto nel Program Counter
2. decodifica dell'istruzione e generazione dei segnali di comando
3. aggiornamento del Program Counter dell'istruzione che segue

Potremmo definire CPU mono ciclo , quando l'elaborazione delle istruzioni avviene

in un singolo periodo di clock , mentre definiremmo CPU multi ciclo quando ogni

stadio opera in un ciclo di clock .

Un periodo di clock in genere assume i seguenti valori :

30 ns per l'accesso alle memorie in lettura o scrittura

5 ns per la decodifica dell'istruzione e lettura dei registri

12 ns per un'operazione di ALU

5 ns per la scrittura del registro di destinazione

(ns corrisponde nano secondo = $1^\wedge-9$, 1/1000000000)

Il codice di operazione determina la fase di esecuzione EX , decide l'azione svolta ,

in questa fase e' essenziale la ALU , che viene usata per le operazioni aritmetiche per

il calcolo della condizione di JE/JS e per il calcolo dell'indirizzo delle istruzioni LD/ST

Nell'analisi svolta di seguito , si chiamano comandi i segnali di controllo che hanno effetto

solo quando sono asseriti

PC_Write : per abilitare l'ingresso al Program Counter (PC)

PC1_Write : per abilitare l'ingresso a PC1

M_Read : per leggere la memoria

In : per mettere il bus dei dati in ingresso

M_Write : per scrivere in memoria

Out : per mettere il bus dati in uscita

IR_Write : per scrivere nel registro IR

R_Write : per scrivere nel registro di destinazione

DEST_Write : per scrivere in destinazione

Le richieste di interruzioni esterne , chiamate anche , interrupt request , vengono inoltrate

alla CPU per mezzo della linea INTR , che poi sono filtrate attraverso il FLIP-FLOP

Istruzioni assembler

Di seguito e' mostrato uno schema d'esempio di istruzioni assembler.

ADD A,B   (Somma il contenuto di B ad A , A e B sono locazioni di memoria
              o anche detti indirizzi di memoria , il cui contenuto e' una parola
              più' byte)

ADD R1,R2 (Somma il contenuto del registro R2 a R1)

LD R1, C (carica il contenuto di C nel registro R1)

ST A, R1 (memorizza il contenuto del registro nella locazione A)

PUSH B (Modello Stack)

POP   (Modello Stack)

JMP DEST (Salto incondizionato alla locazione DEST)
              dei registri R1 e R2 , alla locazione DEST)

JE R1,R2,DEST (Esegue il confronto tra il contenuto di R1 e R2 , in caso il
              contenuto risulta uguale , effettua il salto a DEST

CMP R1,R2 (Esegue il confronto del contenuto tra i registri R1, R2 , facendo la
              differenza , senza modificare il contenuto dei due registri , e aggiorna
              i bit della parola di stato interessati)

JE D   (Esamina il bit Z , precedentemente aggiornato)

per poter richiamare un sottoprogramma , si usa l'istruzione JMP DEST , salto

incondizionato

Infine l'interruzione pur non essendo un richiamo a un sottoprogramma , e' un evento

esterno alla CPU , in grado di bloccare la CPU , facendo abbandonare il programma

che e' in corso ed eseguire un'altro programma , dipendente dall'interruzione stessa

([Hay88] , [HP06]) , le interruzioni si usano nella gestione dei dispositivi di ingresso/uscita

Esempi di interruzioni esterne I/O

Negli esempi di riferimento faro' riferimento ad un processore 8086.

Ogni dispositivo esterno alla CPU , si collega al bus di sistema attraverso un'interfaccia , l'interfaccia svolge la funzione di adattamento sia elettrico sia logico tra le periferiche e il computer. , tenendo presente la differenza di velocità' tra la periferiche e il calcolatore , problema che si ovvia con dei registri interni alla periferica , per l'immagazzinamento dei dati .

Tra le istruzioni fondamentali troviamo :

IN AL , PIN dove PIN e' il nome (l'indirizzo) simbolico associato ad una porta di ingresso ed ha l'effetto di :

1. presentate l'indirizzo PIN sul bus degli indirizzi
2. inserire il comando IORC(InputOutputReadCommand)
3. leggere il bus dei dati e copiare il dato letto in AL

OUT POUT , AH , dove POUT e' il nome (l'indirizzo) simbolico associato ad una porta di uscita , ha l'effetto di :

1. presentare l'indirizzo POUT sul bus degli indirizzi
2. presentare sul bus dei dati il contenuto di AH
3. asserire il comando IOWC(InputOutputWriteCommand)

formato da
1 sommatore ,fig1
moltiplicatore , fig2

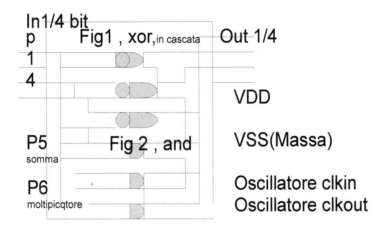

In1/4 bit
p   Fig1 , xor,in cascata   Out 1/4
1
4
                                      VDD

P5   Fig 2 , and   VSS(Massa)
somma
P6   Oscillatore clkin
moltipicqtore   Oscillatore clkout

La tensione e' compresa tra 2v e 6v (valore tipico 5V)
VDD (terminale positivo) VSS (terminale di massa, GND)
L'Oscillatore si collega ai piedini Oscillatore clkin , e
Oscillatore clkout , la frequenza massima e' di 20 mhz ,
noi useremo la frequenza di 4 mhz
La cpu e' formata da 1 sommatore fig 1 e 1 moltiplicatore
fig 2 in grado di elaborare 4bit , in decimale fino a 2^4 , 16
per poter calcolare fino a 16 , o abilitare es. 16 registri.,
oppure , 16 indirizzi di memoria in binario 1000010 ,
i piedini 1- 4 abilitano 4 bit di ingresso , p5 abilita il sommatore ,
p6 abilita il moltiplicatore

MICROCONTROLLORE PIC16F84A

Il microcontrollore pic16f84a , a differenza di un computer normale
e' dotato in un unico integrato di tutti gli elementi fondamentali di
un computer , che sono la Cpu , unita' di memoria , bus indirizzi ,
bus di controllo , bus dati e unita' di input/output ,e per cui anziché
avere un microprocessore che si integra in una scheda , il microcontrollore e' un'unica scheda (un integrato),al cui interno ci sono
tutti gli elementi del calcolatore , quindi il microcontrollore e' un
calcolatore con le funzioni di un calcolatore in un unico integrato.
In questa trattazione si vedrà un tipo specifico di microcontollore,
con le caratteristiche tecniche specifiche di questo microcontrollore.

Il Pic16f84a , e un microcontrollore ad 8 bit con 18 piedini come si
può' osservare nella figura 1

Figura 1

RA2	1	18	RA1
RA3	2	17	RA0
RA4/T0CKI	3	16	OSC1/CLKIN
MCLR	4	15	OSC2/CLKOUT
VSS	5	14	VDD
RB0/INT	6	13	RB7
RB1	7	12	RB6
RB2	8	11	RB5
RB3	9	10	RB4

La tensione di alimentazione , e' compresa tra 2V e 6V (Valore tipico 5V) , la tensione di ingresso si applica ai piedini VDD (terminale positivo) e VSS(terminale di massa GND).
L'oscillatore per generare il segnale di clock di sistema , si collega ai piedini OSC1/CLKIN e OSC2/CLKOUT , la frequenza massima del segnale di clock e' 10 MHZ , nel caso del pic16f84a (il nostro caso),e' di 20 MHZ , noi useremo una frequenza di 4MHZ.
La Cpu , e' formata di 35 istruzioni , in grado di elaborare dati a 8 bit , con già' inclusi i metodi di indirizzamento immediato , diretto ed indiretto.
Il modo di operare di tale microcontrollore , e' la pipeline a 2 stati , per cui mentre viene elaborata un'istruzione , contemporaneamente viene caricata l'istruzione successiva , nel registro delle istruzioni per la decodifica .
Una istruzione richiede la durata di un ciclo macchina , che corrisponde a 4 impulsi di clock, quindi essendo 4MHZ, il tempo richiesto e' : 1 micro secondo eccetto l'istruzione di salto che richiede due cicli macchina.
La Cpu e' in diretta connessione con l'Alu , per svolgere le operazioni imposte dal programma.

Il pic 16f84a si avvale di 15 registri speciali in particolare il registro accumulatore W e' un registro interno usato dal microcontrollore per svolgere moltissime operazione tra cui somma,sottrazione,memorizzazione temporanea.
Il PC , program counter e' un registro contatore usato dal microcontrollore , che si incrementa automaticamente , per contenere l'indirizzo dell'istruzione successiva , solo nel caso del salto l'indirizzo viene modificato per ottenere l'indirizzo dell'istruzione di salto , dopo il comando di reset , l'indirizzo del PC si azzera andando alla locazione 0000H della memoria di programma, che deve contenere la prima istruzione che deve essere eseguita , per eseguire il reset si utilizza la linea MCLR (pin4) , ponendo il piedino a livello basso , tale linea normalmente deve essere mantenuta a livello alto VDD.
L'integrato dispone di 13 linee bidirezionali di I/O (Input/Output) , 5 sono RA0,RA1,RA2,RA3,RA4 , costituiscono la porta A , e 8 sono RB0,RB1, RB2,RB3,RB4,RB5,RB6,RB7 sono la porta B , ciascuna linea puo' essere programmata come Input o come Output , ed e' in grado di assorbire (sink current) fino a 25 mA ed erogarne (source current) fino a 20 ma.
La memoria del Pic16f84a si divide logicamente in due blocchi , memoria di programma e memoria dati , ciascun blocco ha un proprio bus per il trasferimento dei dati .

La memoria di programma e' una EEPROM (Electrically Erasable PROM) con una capacita' di 1024 locazioni di memoria (word) ciascuna a 14 bit , cancellabili elettricamente più' di 1000 volte

Il PC e' a 13 bit e quindi ha una capacita' di indirizzare fino a 8kword , ma negli attuali 16f8x e' fisicamente indirizzabile 1kword , quindi il programma in questo caso puo' contenere 1024 istruzioni.

Il byte basso del PC (0-7) e' indicato con PCL , mentre i 5 bit di ordine superiore (8-12) sono caricati in un registro interno indicato con PCLATH, ciò' serve per gestire meglio le istruzioni di salto e le chiamate alle subroutine Gli indirizzi riservati alla memoria del programma espressi in formato esadecimale vanno da 0000H a 03FFH.

In particolare 8 locazioni di memoria ciascuna di 13 bit sono direttamente connesse con il Program counter per costituire l'area Stack del microcontrollore .Lare Stack e' utilizzata dal calcolatore nelle istruzioni di chiamata a subroutine o nella gestione degli interrupt.

Il pic 16f84 dispone di due aree per la memoria dati , una Eeprom e l'altra di tipo Ram..

La memoria Eeprom ha una capacita' di 64 byte e serve per memorizzare dati in maniera permanente. La memoria dati Ram e' nota come File Register e' usata per la memorizzazione temporanea dei dati e per l'esecuzione delle istruzioni, il File Register e' diviso in due parti,denominate Banco 0, Banco1 ciascuna locazione di memoria e' denominata Registro.

Ciascun banco e' costituito da 128 byte (7FH) Le prime 12 locazioni di ciascun banco sono riservate ai registri speciali SFR (Special Function Register) Le 68 locazioni di memoria del banco che vanno da 0CH a 4FH sono denominate GPR(General Purpose Register) e individuano i registri generali del PIC. 16f84a Si può' accedere all'intera area di memoria utilizzando l'indirizzamento assoluto o quello indiretto tramite il registro FSR (File Select Register)

Il set delle istruzioni comprende istruzioni Byte oriented , e bit oriented.

Byte oriented :

ADDWF f,d	Somma il valore di W al valore del registro f
ANDWF f,d	Esegue l'AND tra W e f bit a bit
CLRF f	Azzera il registro f
COMF f,d	Azzera l'accumulatore
DECF f,d	Complementa bit a bit il registro f
DECFSZ f,d	Decrementa di 1 il registro f
INCF f,d	Incrementa di 1 il registro f
INCFSZ f,d	Incrementa di 1 il registro f
	Se il contenuto di f diventa 0 salta l'istruzione successiva
IORWF f,d	Esegue l'OR tra W e f bit a bit
MOVF f,d	Legge il valore di f e lo copia in W se d=0 in f stesso se d=1
MOVWF f,d	Legge il valore di W e lo copia in f
NOP	Non esegue nessuna operazione . Produce un ciclo a vuoto
RLF f,d	Ruota a sinistra di una posizione attraverso il carry il registro f
RRF f,d	Ruota a destra di una posizione attraverso il carry il registro f
SUBWF f,d	Sottrae W a f
SWAPF f,d	Scambia i due nibble del registro
XORF f,d	Esegue l'XOR tra W e f a bit

Bit oriented

BCF f,b	Pone a 0 il bit di ordine b del registro f
BSF f,b	Pone a 1 il bit di ordine b del registro f
BTFSC f,b	Testa il bit di ordine b del registro f
	Se vale 0 salta l'istruzione immediatamente successiva
BTFSS f,b	Testa il bit di ordine b del registro f
	Se vale 1 salta l'istruzione immediatamente successiva.

Registri del pic 16f84a

Registro Status

Il registro di stato (STATUS) si trova all'indirizzo 03h del banco 0 e all'indirizzo 83h del banco 1. Contiene 8 flag che indicano lo stato logico della ALU , quello del Pic al reset e ulteriori flag che consentono l'indirizzamento al banco 0 o al banco 1

Bit 7	6	5	4	3	2	1	0
IRP	RP1	RP0	TO	PD	Z	DC	C

Bit 7-6 : IRP e RP1 non sono supportati sul Pic 16f8x e devono essere tenuti al livello logico basso

Bit 5 : RP0 seleziona il banco del File Register RP0 = 0 Banco 0 (00H – 7FH) RP0=1 Banco1 (80H-FFH)

Bit 4 : TO e' il bit di time out : TO=0 se il Watcdog va in time out .TO =1 dopo che viene fornita alimentazione all'integrato e se viene eseguita l'istruzione SLEEP

Bit 3: PD e' il bit di Power Down : PD = 0 dopo che viene eseguita l'istruzione SLEEP. PD =1 dopo che viene fornita alimentazione all'integrato e dopo che viene eseguita l'istruzione CLRWDT

Bit 2 : Z. Zero bit indica se il risultato di una operazione e' zero (Z=1) o non e' zero (Z=0)

Bit 1 : DC . Digit Carry Indica se , dopo un'operazione , c'è' riporto del bit più' significativo (C=1) oppure non c'è' riporto (C=0)

Tutti i bit del registro di stato sono di lettura/scrittura ad eccezione del bit TO , PD che sono di sola lettura

Registro Option

Il registro Option (OPTION) si trova all'indirizzo 81H del banco 1 ed e' utilizzato
per configurare il prescalar del registro di temporizzazione TMR0 , il Watcdog e
l'interrupt esterno

BIT 7	6	5	4	3	2	1	0
RBPU	INTEDG	TOCS	TOSE	PSA	PS2	PS1	PS0

Registro Contatore TMR0

Il registro contatore TMR0 e' un registro che si autoincrementa con una cadenza
programmabile . Esso e' allocato all'indirizzo 01H del File Register.
Quando incrementandosi raggiunge il valore massimo 255(FFH in esadecimale)
si azzera e riprende il conteggio . Inizialmente può' essere caricato anche con un
valore diverso da zero. La rapidità' del conteggio dipende dalla frequenza di clock

Registro INTCON

Il registro INTCON e' n registro che si trova all'indirizzo 0BH , e' utilizzato per la gestione degli interrupt . Se il bit e' 0 la funzione associata e' disabilitata.

BIT 7	6	5	4	3	2	1
GIE	EEIE	TOIE	INTE	RBIE	TOIF	RBIF

Registro EECON1

BIT 7	6	5	4	3	2	1
-	-	-	EEIF	WRERR	WR	RD

Le porte di I/O

La gestione delle porte I/O e' affidata ai registri TRISA (85H) e PORTA(05H) per
la porta A e TRISB(86H) e PORTB(06H) per la porta B.
I registri TRISA e TRISB configurano ciascuna linea come Input o come Output.
Se un bit del registro TRIS e' posto al livello alto il corrispondente pin della porta
e' configurato come input , se invece si azzera un bit del registro TRIS il corrispondente pin della porta e' configurato come output.
I registri PORTA e PORTB contengono il dato numerico di input e di output associato alla porta di I/O. Su ciascun pin della porta B e' possibile inserire a
software una resistenza di pull-up , Cio' si ottiene azzerando il bit RBPU del
registro OPTION .Si ricordi inoltre che i 4 bit che vanno da RB4 a RB7 possono
gestire anche un interrupt abilitato dal bit RBIE del registro INTCON
Si supponga di voler configurare i 4 bit più' significativi della porta B (da RB7
a RB4) come uscita e quelli meno significativi (da RB3 a RB0) come entrata
si utilizzano le seguenti istruzioni :
BSF STATUS , RP0 : Pone a 1 il bit RP0 (5°bit) del registro di stato(indirizzo
                    03H) per selezionare il banco 1 del File Register
MOVLW 0FH   : Carica nell'accumulatore W il numero 0FH (00001111
MOVWF TRISB   : Carica nel registro TRISB (86H del banco1)il contenuto
                    di W
In questo modo nel registro TRISB si e' caricato il numero binario 00001111

Le tre precedenti istruzioni si potrebbero sostituire con le seguenti due :

```
MOVLW 0FH
TRIS PORTB
```

In questo caso si utilizza l'istruzione speciale TRIS che automaticamente carica nel registro TRISB il contenuto dell'accumulatore. Tale istruzione e' al momento ancora supportata dal PIC per mantenere la compatibilità' con software precedenti ma il costruttore ne consiglia l'uso poiché si prevede che nelle prossime versioni della serie 16f8x , tale istruzione non sarà più' presente

Scrittura

Continuando nell'esempio , supponiamo di voler inviare in uscita alla
porta B sui pin RB7 e RB6 il livello 1 e sulle linee RB5 e RB4 il livello 0 si deve scrivere il seguente codice

BCF STATUS , RP0 : Pone a 0 il bit RP0 (5°bit) del Registro di stato
                                (indirizzo 03H) per selezionare il banco 0 del
                                File Register

MOVLW B0H   : Carica in W il numero B0H (11000000)
MOVWF PORTB   : Carica il registro PORTB(06H del banco 0)
                                con W

Lettura

Supponiamo di voler leggere lo stato logico delle linee RB3 a RB0
programmate come input . Si deve scrivere il seguente codice

BCF STATUS , RP0 : Pone a 0 il bit RP0 del registro di stato
                                (Banco 0)
MOVF PORTB,0   : Copia il contenuto del registro PORTB in W

Dopo che e' stata eseguita quest'ultima istruzione , i 4 bit meno
significativi dell'accumulatore W assumeranno uno stato logico
coincidente con le 4 linee di I/O che vanno da RB3 a RB0

Strumenti elettronici digitali
L'interfacciamento

Cenni di elettronica digitale
1: Circuiti digitali , Tabella della verità in funzione della variabili binarie , x , y

OR	NOR	XOR	AND	NANDA
000	001	00 0	000	001
011	010	01 1	111	110
101	100	10 1	010	011
111	110	11 0	100	101

2. Tecnologia dei circuiti integrati
   La tecnologia che si usa per stampare i circuiti digitali compreso
   es. un microprocessore , e' la litografia , si stampa una lastra
      fotografica di cromo

3. Circuiti combinatori
   sono i circuiti , sommatori , sottrattori , (formati da un xor)
   moltiplicatori , comparatori , codificatori , decodificatori
   ,mplexer/damultiplexer

4. Tecnologia Mos
   E' costituita da transistor , in cascata

5. Tecnologia TTL
   Transistor/transistor in serie
6. Flip Flop
   E' costituito da transistor in serie , Mos oppure Ttl
7. Codificatori /Decodificatori
   Sono circuiti che codificano un numero decimale in binario
   e viceversa , un numero binario in decimale
8. Multiplexer/Demultiplexer
   Sono selettori , di ingresso uscita , quando c'e' una serie di
   ingressi , il multiplexer seleziona una sola linea in ingresso
   in bae all'indirizzo selettore , il demultiplexer fa l'opposto
9. Registri/contatori
   Si tratta di circuiti sequenziali costituiti , da N. Flip Flop in cascata ,
   (N.bit del registro) , sono costituiti di solito da transistor Mos o Ttl

10. Memoie Rom
    Read only memory , Rom ad alta capacita' utilizzano una teconologia
    Mos /CMos, e non bipolare
11. Meccanismi di programmazione di una memoria Rom

Il dispositivo base utilizzato per la programmazione e' un Mos con due gate sovrap-
posti sul canale tra source e drain , la gate piu' vicina al canale e' formata di uno
strato di polisilicio completamente isolato ,circondato da ossido , mentre la gate
posta superiormente e' connessa al terminale di ingresso come in un normale Mos

12. Memorie Ram

Random access memory, ha un indirizzamento casuale non sequenziale
utilizza un multiplexer/demultiplexer per selezionare la cella costituita
da flip flop , con tecnologia Mos/ Ttl , abilitata all'uscita del decodificatore

13. Citcuiti di lettura scrittura memorie Ram

sono costituiti da amplificatori abilitati alle uscite del decodificatore di colonna
che nella fase di scrittura pilotano in uscita le tensioni di linea in funzione dei
dati inviati ai loro ingressi , per la la lettura amplificano lo sbilancio di tensioni
sulle due linee dati e lo trasferisce come segnale logico in uscita

Una RETE INFORMATICA è costituita da un insieme di computer collegati tra di loro ed in grado di condividere sia le risorse hardware che software

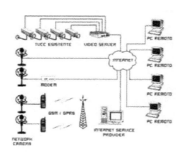

LAN

Local Area Network (rete locale), è una rete che, da un minimo di un paio di computer, si può estendere ad un intero edificio o ad un comprensorio, come ad esempio una fabbricato un campus universitario con una estensione di alcuni chilometri.

MAN

Metropolitan Area Network (rete metropolitana, rete cittadina). In questo caso, i computer si trovano all'interno di un'area urbana di grandi dimensioni oppure sono dislocati in più comuni limitrofi. Originariamente sfruttava le reti per le trasmissioni via cavo della televisione, oggi grosse aziende cablano intere città abbinando la trasmissione dati via internet a quella TV sfruttando l'alta qualità dei collegamenti con fibre ottiche. Esempi di reti MAN sono quella che si potrebbe estendere nell'intero territorio comunale e quella costituita dalle segreterie delle facoltà universitarie dislocate in una determinata area metropolitana

WAN

Wide Area Network (rete geografica), è una rete di estensione superiore alle precedenti, può essere regionale o nazionale o anche più ampia. Generalmente le WAN sono utilizzate per collegare tra loro più reti di livello inferiore (LAN, MAN) in modo che un utente di una rete possa comunicare con utenti di un'altra rete. Molte WAN sono costruite per una particolare organizzazione e sono private.

Una evoluzione delle WAN sono le GAN (Global Area Network). Si tratta di reti che collegano computer dislocati in tutti i continenti. Diverse le tecnologie impiegate per interconnettere le macchine: dal cavo in rame del comune doppino telefonico agli avanzati sistemi satellitari. Internet, la rete delle reti, è un tipico esempio di GAN.

PAN

Personal Area Network (rete personale), è una rete che si estende per pochi metri. In tale ambito operano diversi dispositivi che gravitano attorno ad un unico utente: telefono cellulare, PAD (personal digital assistent), notebook. Tali dispositivi possono scambiarsi informazioni o collegarsi a reti di livello superiore come, ad esempio, internet. Una rete PAN può utilizzare sia collegamenti via cavo (WIRED) che connessioni WIRELESS.

Rete a stella

La rete a stella in cui i computer sono connessi ad un componente centrale chiamato Hub. I dati sono inviati dal computer trasmittente attraverso l'Hub a tutti i computer della rete. Questa tipologia richiede un'elevata quantità di cavi in una rete di grandi dimensioni. In caso di interruzione di uno dei cavi di connessione di un computer all'Hub, solo quel computer verrà isolato dalla rete. In caso di mancato funzionamento dell'Hub, saranno interrotte tutte le attività di rete. Tra i vantaggi dell'Hub ci sono l'espandibilità (basta collegare un altro Hub all'Hub iniziale) e il controllo centralizzato del traffico sulla rete in base a led luminosi che permettono di diagnosticare se quel ramo della rete è funzionante.

Rete a bus

Nella rete a bus ogni host (e ogni periferica) è collegato in modo lineare. E' il metodo più semplice di connettere in rete dei computer. Consiste di un singolo cavo (chiamato dorsale o segmento) che connette in modo lineare tutti i computer. Il funzionamento avviene secondo le seguenti regole:

1. i dati sono inviati sul cavo, come segnali elettronici, sotto forma di pacchetti in cui è specificato l'indirizzo del computer destinatario,

2. tutti i computer "ascoltano" i dati trasmessi sulla rete, ma non intervengono nello spostamento di dati da un computer a quello successivo,

3. i dati vengono accettati solo dal computer il cui indirizzo coincide con quello del destinatario,

4. se esiste una trasmissione in corso gli altri computer devono aspettare ad effettuare un'altra trasmissione A ciascuna estremità del cavo viene applicato un componente chiamato terminatore che assorbe i dati liberi rendendo disponibile il cavo per l'invio di altri dati.

Per espandere una LAN a bus è possibile usare dei connettori cilindrici di tipo BNC che uniscono due capi di cavo ma indeboliscono il segnale (meglio usare un unico cavo lungo che più segmenti uniti fra loro). Oppure, si può usare un dispositivo chiamato ripetitore che potenzia il segnale prima di ritrasmetterlo sulla rete.Un eventuale guasto ad un host non compromette il funzionamento della rete

Le reti centralizzate

Le reti centralizzate sono costituite da uno o più unità centrali chiamate mainframe e da una serie di terminali stupidi collegati direttamente al computer principale. L'elaborazione dei dati avviene totalmente (o quasi) all'interno dell'unità centrale. I terminali non sono dei veri e propri computer, ma semplicemente delle periferiche, a volte composte solo da tastiera e video: essendo privi di CPU, vengono gestiti dal mainframe che, oltre a fornire il software, svolge anche le operazioni di elaborazione dei dati.

Reti peer to peer

Nelle reti peer to peer gli host sono dei computer completi di software. Ovvero, ogni computer che compone la rete è dotato di software di sistema e di applicativi e può operare sia in rete che in modo autonomo.

Le reti Peer-to-Peer sono costituite da un gruppo ridotto di calcolatori (tipicamente non più di 10) generalmente non molto potenti che devono condividere dati e periferiche. In una rete di questo tipo non c'è un elaboratore centrale che funge da riferimento per gli altri ma tutti i calcolatori sono sullo stesso piano.

I vantaggi della rete Peer-to-Peer sono collegati essenzialmente alla riduzione dei costi di installazione e alla semplicità di amministrazione. Gli svantaggi sono legati al fatto che il sistema Peer-to-Peer non è adatto per reti di grandi dimensioni.

Reti client-server

Nelle reti client-server il computer che svolge la funzione del SERVER (computer servitore) detiene in esclusiva parte del software come ad esempio il sistema operativo e/o gli applicativi. I computer CLIENT (computer cliente) sono elaboratori completi che hanno una propria CPU per le operazioni di elaborazione ma utilizzano il software messo a disposizione dal server.

Un server funge da punto di riferimento per gli altri calcolatori della rete, è un computer che mette a disposizione le proprie risorse (memoria, potenza di elaborazione, periferiche) agli altri PC della rete. I client sono computer dotati di memoria e capacità elaborativi locale che utilizzano le risorse che i server mettono a loro disposizione.

I vantaggi di questo tipo di modello consistono: nella scalabilità del sistema che può arrivare a colllegare anche un numero elevato di computer, nella possibilità di gestire le impostazione di sicurezza in maniera centralizzata, nella possibilità di ottimizzare l'utilizzo delle risorse.

Lo svantaggio principale deriva dal fatto che l'implementazione e l'amministrazione del sistema richiedono maggiori competenze tecniche e personale specializzato.

MEZZI TRASMISSIVI

L'interconnessione tra computer e tra reti di computer può avvenire grazie all'utilizzo di uno dei seguenti mezzi fisici:

Elettrico: Doppino e Cavo coassiale, in cui l'informazione è rappresentata da impulsi elettrici.

Ottico: Fibra ottica, in cui il segnale elettrico viene trasformato in segnale luminoso.

Wireless: Onde radio, Satelliti, Reti Cellulari, in cui l'informazione viaggio nello spazio sotto forma do onde elettromagnetiche.

Doppino: E' formato da quattro coppie di fili intrecciati tra di loro. Può arrivare ad una velocità di trasmissione di 100 Mb/s. E' adatto al collegamento di PC in reti a stella.

Cavo coassiale: E' costituito da un conduttore centrale in rame circondato da uno strato isolante all'esterno del quale vi è una calza metallica. Offre velocità di trasmissione maggiori su distanze superiori. E' utilizzato nella TV via cavo e in molte LAN

Fibra ottica: Sono fatte di un sottilissimo cilindro centrale in vetro, (core) circondato da uno strato esterno (cladding) di vetro avente un diverso indice di rifrazione e da una guaina protettiva (coating). Sono quindi raggruppate insieme in una guaina contenitrice esterna. La trasmissione degli impulsi luminosi avviene a velocità prossima a quella della della luce quindi raggiunge velocità di trasmissione di 50000Gb/s con un bassissimo tasso di errore.

Onde radio : Le onde elettromagnetiche, create dal movimento degli elettroni, viaggiano nello spazio (anche vuoto) alla velocità della luce e possono indurre una corrente in un dispositivo ricevente (antenna) anche molto distante.

APPARATI DI INTERCONNESSIONE

Gli elementi usati per l'interconnessione possono prendere nomi diversi : bridge, hub, switch, router, gateway. La distinzione nasce dalle funzioni necessarie a collegare le varie reti e quindi dalle differenze tra le varie reti.

Un bridge (ponte) è un dispositivo che connette due reti locali (LAN) dello stesso tipo o di tipo diverso oppure due segmenti della stessa rete.

Un hub (mozzo) è un dispositivo che ha la funzione di nodo di smistamento delle comunicazioni, Ogni pacchetto di dati proveniente da un qualsiasi PC viene ricevuto dall'hub su una porta e trasmesso a tutte le altre ovvero a tutti gli altri PC della rete.

Uno switch (commutatore) utilizzato al posto degli hub in una rete di grandi dimensioni, consente di razionalizzare la circolazione delle informazioni, a fronte di un aumento non indifferente dei costi. Lo switch, più intelligente degli hub, dirige infatti le informazioni trasmesse solamente verso il nodo destinatario. Per isolare la trasmissione dalle altre porte, lo switch stabilisce una connessione temporanea tra la sorgente e il punto di destinazione, chiudendola al termine del collegamento.

Un router (instradatore) sceglie il percorso dei dati in base a precise "regole di instradamento" che tengono conto dei costi e dei tempi di trasmissione, mentre lo switch sceglie da che parte mandare l'informazione solo in base all'indirizzo del destinatario. Il router inoltre permette di condividere l'accesso a Internet tra più computer collegati in rete tra loro.

Ultimamente si sono diffusi i router WLAN, che permettono di navigare senza fili in rete domestica, collegando i computer alla linea, tramite una scheda di rete senza fili, sempre più diffuse con i portatili di ultima generazione.

Un gateway (passaggio) è un dispositivo che collega reti di tipo diverso e passa informazioni da una rete all'altra eseguendo le conversioni necessarie.

Il modem è un dispositivo elettronico che rende possibile la comunicazione di più sistemi informatici (ad esempio dei computer) utilizzando un canale di comunicazione composto tipicamente da un doppino telefonico. Consideriamo cosa avviene tra due computer A e B collegati tramite linea telefonica dove il computer A trasmette dei dati al computer B.

La CPU di A trasmette al proprio modem i dati in forma digitale (bit), il modem li trasforma in un segnale analogico (operazione di modulazione del segnale in cui sequenze di bit vengono ricodificate come segnali elettrici) e lo inoltra sulla linea telefonica.

Il segnale analogico raggiunge il modem del computer B che provvederà a riconvertirlo in segnale digitale (operazione di) da inviare infine alla CPU di B.

Esistono diversi tipi di modem:
• ANALOGICO (56 kbps), ormai in disuso
• ISDN (128 kbps), utilizzabile solo su linee ISDN
• ADSL (da 640 kbps a 100 Mbps in base all'operatore telefonico, al tipo di contratto e al mezzo di trasmissione utilizzato). Oggi sono i più utilizzati per installazioni informatiche fisse sia domestiche che da lavoro
• GPRS (da 56 kbps a 7.2 Mbps) sono quelli più utilizzati sui portatili (modem USB) e sono integrati nei telefonini di ultima generazione

Recentemente sono usciti anche VOIP modem che consentono di avere una seconda linea telefonica su rete Internet (detta appunto VOIP).

IL PROTOCOLLO TCP/IP

TCP/IP

APPLICAZIONE
TRASPORTO
RETE(internet)
NETWORK(fisico)

TCP/FRAME

SOURCE PORT									DESTINATION PORT	
Porta di uscita									Porta di entrata	
usa la tecnica Sliding windows,<u>SEQUENZER NUMBER</u>, indica la sequenza dei pacchetti.										
Acknowledgment number ,numero di riconoscimento inviato da destinatario per farsi rispedire una sequenza di pacchetti(nella quale ne mancano alcuni)										
DATA OFFSET	RESERVED	VRG	ACK	PSH	RST	SYN	FIN	WINDOWS		
CHEK SUM				URGENT POINTER						
OPTION				PADDING						
<< DATA>>										

SYN e ACK: per la procedura di Handshaking

Syn viene contrassegnato con 1 dall'emittente che ha mandato il messaggio e Ack con 1 dal destinatario che avverte di essere in ascolto

FIN: si contrassegna con 1 per chiudere la connessione (quando i pacchetti sono arrivati a disposizione)

TECNICA DI SLIDING WINDOWS

Il destinatario Host2 conosce a priori il numero dei pacchetti dalle informazioni del CHEK SUM.

Il TPC stabilisce quanti pacchetti spedire alla volta. Il numero è scorrevole (sliding) e dipende da quanti pacchetti si devono spedire complessivamente.

FRAME PROTOCOLLO IP:

VERSION	LENGHT	SERVICE TIPE	PACKET LENGHT
IDENTIFICATION	FLAGS	FRAGMENT OFFSET	
TIME TO LIVE	PROTOCOL	HEADER CHECKSUM	
SOURCE ADDRESS			
DESTINATION ADDRESS			
OPTION		PADDING	
<<DATA>>			

IL PACCHETTO UDP

SOURCE PORT	DESTINATION PORT	
		CHECKSUM
	LENGHT	Controllo del calcolo per l'integrità' dei dati con indirizzo di destinazione e origine
	Lunghezza del pacchetto	
DATA		

Un protocollo definisce il formato e l'ordine dei messaggi scambiati tra due o più entità comunicanti, così come le azioni che hanno luogo a seguito della trasmissione e/o ricezione di un messaggio o di altri eventi. Per soddisfare esigenze differenti di comunicazione si usano protocolli diversi.

Il TCP/IP è il protocollo che ha trovato maggiore applicazione nelle reti Internet .

Il modello di servizio TCP (Trasmission Control Protocol) comprende un *servizio orientato alla connessione* e un *servizio di trasferimento affidabile dei dati*. Quando un'applicazione sceglie TCP come protocollo di trasporto, l'applicazione riceve entrambi questi servizi dal TCP.

L'IP (Internet Protocol) è il responsabile del trasporto di pacchetti di dati da una sorgente (identificata da un indirizzo IP) ad una destinazione (identificata da un altro indirizzo IP). Se necessario questo livello del protocollo si occupa di spezzettare i pacchetti troppo grandi in pacchetti di dimensione adatta alla rete da utilizzare.

I protocolli TCP e IP danno il nome alla pila TCP/IP

Il modello a strati TCP/IP si basa su una rete a quattro strati:

Applicazione

Trasporto

Internet

Network o fisico

Lo strato Network immette sulla rete i frame in partenza e raccoglie quelli in arrivo. Prima di immettere sulla rete i frame, aggiunge ad essi una testata ed un controllo ciclico di ridondanza (CRC) per assicurare che i dati non siano corrotti durante il trasferimento.

Lo strato Internet svolge tre funzioni principali:

-l'indirizzamento

-la suddivisione in pacchetti

-l'instradamento

In questo strato risiede il protocollo IP che offre la consegna di informazioni senza connessioni e non garantita. Il ruolo svolto da questo protocollo è quello di aggiungere a ciascun pacchetto una intestazione contenente una serie di informazioni per poter effettuare il corretto instradamento dei dati.

L'intestazione contiene:

-l'indirizzo IP dell'origine;

-l'indirizzo IP del destinatario;

-il protocollo (TCP o UDP): serve ad indicare all'host destinatario il tipo di trasporto e di conseguenza il modo in cui manipolare i dati ricevuti;

-checksum: è il CRC calcolato sui dati trasferiti o da trasferire che permette di verificare l'integrità dei dati;

-TTL (Time To Live): il tempo di durata in vita di un datagram; alla partenza viene assegnato un valore predefinito che diminuisce ad ogni attraversamento di un router; quando il TTL raggiunge il valore zero , il datagram viene tolto dalla rete.

In questo strato operano diversi protocolli:

ICMP testa la raggiungibilità dell'host eseguendo l'operazione ECHO;

IGMP utilizzato dai router per comunicare. Lavora in multicast.

ARP: converte il MAC in IP; viene utilizzato nel caso in cui ad un host debba essere assegnato un IP o per risolvere problemi riguardanti IP.

RAP converte indirizzi IP in MAC.

Lo strato del trasporto fornisce una comunicazione tra host utilizzando le cosiddette porte.

In questo strato si trovano i due protocolli:

-TCP (Connection Oriented)

-UDP (Connection Less)

Il TCP si occupa delle comunicazioni orientate alla connessione. Questo significa che quando due host comunicano utilizzano come trasporto il TCP,è necessario che tra di essi si instauri una sessione durante il corso di trasmissioni di questo tipo attraverso numeri sequenziali e conferme ciascun frammento di dati viene numerato e spedito al destinatario che, invia al mittente l'avvenuta ricezione. In caso di mancata conferma dell'avvenuta ricezione da parete del destinatario il mittente provvede a spedire di nuovo i frammenti. Questo meccanismo appesantisce la trasmissione ma assicura un elevato grado di affidabilità. Utilizzando il protocollo UDP(User Datagram Protocol) non vi è certezza dell'avvenuta ricezione da parte del destinatario dei dati spediti , ma in compenso la trasmissione risulta più semplice e veloce e, viene usato nelle applicazioni real-time.

Nello strato delle applicazioni si trovano infine le applicazioni che si basano sulla rete.

Un protocollo dello strato di applicazione definisce come i processi delle applicazioni , che funzionano su diversi terminali, si scambiano i messaggi. In particolare definisce :

-i tipi di messaggi scambiati;

-i campi del messaggio e come vengono organizzati;

-il significato dell'informazione nei campi;

-le regole per determinare quando e come un processo invia messaggi o risponde a messaggi.

Uno dei principali protocolli dello strato di applicazione per la posta elettronica è l'SMPT e POP3 , per l'applicazione Web è l'http e FTP per il trasferimento di file.

La programmazione dei computer e' la tecnica con cui si istruisce il computer su cosa fare e come farlo , normalmente il PC comprende solo il linguaggio macchina , che e' costituito dalle cifre 0/1 , acceso o spento anche detto Bit , poi vi e' il Byte che e' una sequenza di 8 bit , la Parola e' costituita da 16 bit,ed appunto su questi concetti basilari che il computer permette di gestire i dati in memoria e i registri , pero' con il tempo per fortuna le cose sono cambiate , infatti sono nati i linguaggi ad alto livello , cioè' in grado di convertire frasi del linguaggio per esempio , Print oppure Input in una sequenza di bit e operazioni affini , detti linguaggi a basso livello.

Linguaggi ad alto livello

Sono gli strumenti utilizzati oggi ,esempio Visual Basic , Pascal , C , che si distinguono tra due categorie, Interpreti e Compilatori , i primi traducono linea linea ed eseguono ogni istruzione per volta mentre i compilatori trasformano l'intero programma in codice oggetto che verrà' eseguito , mentre come accennato a basso livello si intendono tutti quei linguaggi che lavorano con bit byte ed istruzioni Assembler.

La programmazione come detto e' la tecnica per istruire un PC su cosa fare .

Per esempio se io dovessi inserire i dati di un magazzino di un negozio di gadget , allora vorrei sapere il nome dell'articolo per esempio astuccio , la quantità' , in questo caso se utilizzassi il linguaggio Basic , userei l'istruzione Input "Descrizione Articolo",Articolo ,"Quantità",Quantità' in questo caso Input e' l'istruzione che permette di inserire dati nel PC , dove Descrizione articolo e' il messaggio che l'utente riceve dal computer , mentre Articolo e' la variabile che memorizza il dato in ingresso la quantità' , per la stampa per avere un resoconto si usa l'istruzione Print, specificando il messaggio dell'articolo e la variabile che ha memorizzato il dato.

Poi vi sono le istruzione di ripetizione che permettono di ripetere un blocco di codice un numero variabile di volte , le istruzioni condizionali per creare delle condizioni e di salto per far eseguire determinati punti del programma.

In informatica naturalmente esistono molti tipi di linguaggi , ma il concetto e' sempre lo stesso.

I linguaggi usati oggi sono per esempio C , Pascal , Basic , Visual Basic , Visual C , e simili.
Il C, Pascal e il Basic sono linguaggi classici ad alto livello in cui si devono inserire le istruzioni
manualmente nell'ambito del lavoro , mentre per esempio Visual Basic , oppure Visual C sono
più' evoluti rispetto ai loro antenati .
Le caratteristiche dei linguaggi tipo Visual Basic o Visual C, sono un'area di lavoro personalizzabile
con componenti da trascinare e in cui definire le proprieta' , per esempio il componente TextBox
in Visual Basic , permette di inserire testo , e collegare ad esso gli oggetti che permetteranno di
effettuare determinate operazioni , come il salvataggio su Hard ecc.

Il linguaggio assembly è in diretta corrispondenza con il linguaggio macchina, riuscendo ad elevare solo leggermente il livello di astrazione nella scrittura di un programma. In un listato assembler si fa infatti riferimento continuo all'architettura del processore che si utilizza,per esempio.: referenziando specifici registri dell'architettura, utilizzando solo gli specifici comandi disponibili, etc...
 Esso rappresenta così un mezzo molto diretto per interagire con i componenti dell'architettura in questione. Nota: l'assembly non è un linguaggio portabile, essendo strettamente legato all'architettura sulla quale opera. Classi di istruzioni Ogni programma implica la realizzazione di una quantità di passaggi funzionalmente differenti, come sommare due numeri, valutare una particolare condizione, leggere un carattere dalla tastiera o inviarne un altro perché venga visualizzato su uno schermo video.
Un calcolatore deve avere istruzioni in grado di effettuare quattro tipi di operazioni:

> trasferimento dei dati tra la memoria e i registri di CPU;
> operazioni aritmetiche e logiche sui dati;
> controllo di flusso di un programma;
> trasferimento dei dati in ingresso/uscita (I/O).7

Le istruzioni assembly sono tipicamente costituite da un codice mnemonico seguito da uno o più operandi. Ad esempio, le istruzioni a due operandi per il trasferimento e le operazioni aritmetiche sui dati sono tipicamente nella forma:

Operazione Sorgente,Destinazione

Per esempio, per effettuare la somma tra due numeri si potrà scrivere:

ADD A,B

Questo comando realizza la somma di A e B e porrà il risultato dell'operazione in sovrascrivendone il contenuto corrente. Esempio: l'istruzione MOVE…

Volendo realizzare una copia del contenuto di un registro in un altro, ad esempio, il linguaggio assembly potrebbe richiedere di scrivere:

MOVE R0,SOMMA

Il codice mnemonico, in questo caso MOVE, rappresenta l'azione svolta dall'istruzione.

L'assemblatore traduce questo codice mnemonico in un codice binario di forma comprensibile al calcolatore, di solito chiamato codice operativo (OP-CODE).Segue almeno uno spazio bianco dopo il quale sono riportate le informazioni che specificano gli operandi.8…esempio: gli operandi.

Nel nostro esempio, l'operando sorgente è nel registro R0. Questa informazione è seguita dall'indicazione dell'operando destinazione, separato da quello sorgente attraverso una virgola.

L'operando destinazione è nella locazione di memoria il cui indirizzo è rappresentato dal nome simbolico SOMMA. Per creare questa associazione, ogni nome deve essere opportunamente definito nell'ambito del listato creando così un'associazione SIMBOLO®INDIRIZZO.

Gli operandi forniti come argomento di un'istruzione possono contenere informazioni di tipo differente. Può accadere che l'operando contenga direttamente il valore utile per il calcolo. In questo caso si parla di operando immediato ed esso è direttamente codificato di seguito all'istruzione. In altri casi l'operando contiene il riferimento ad un registro del processore il quale può contenere, a sua volta, il dato o (ancora) l'indirizzo di un registro della memoria in cui è contenuto il dato.

Esempio: la somma di due registri Supponiamo di voler realizzare l'istruzione C++
C = A + B; Questa istruzione ha lo scopo di sommare il contenuto delle locazioni di memoria individuate dagli identificatori A e B e, successivamente, di porre il risultato della somma nella locazione di memoria individuata dall'identificatore C. Se il linguaggio assembly rende disponibile esclusivamente un'istruzione per la somma a due operandi (come in genere accade), non è possibile realizzare l'elaborazione in un unico passo, ma bisognerà scrivere:
MOVE B,C
ADD A,C10
Registri interni e memoria (1) Un'istruzione, in generale, può coinvolgere sia i registri interni che i registri della memoria. L'accesso ai registri interni è molto più veloce dell'accesso ai registri della memoria, poiché i primi sono già all'interno del processore e non sorge dunque la necessità di trasferimenti attraverso canali esterni.Inoltre, i registri interni sono in numero molto minore delle celle di memoria (tipicamente da 8 a 64) e quindi per essere indirizzati c'è bisogno di pochi bit. Registri interni e memoria (2) Ad esempio, un processore che abbia 32 registri interni, può indirizzarli utilizzando 5 bit. Poiché l'uso di registri interni permette elaborazioni più rapide e produce istruzioni più corte, essi sono usati per memorizzare dati temporanei nella CPU durante l'elaborazione. In alcuni casi, determinati comandi assembler possono operare esclusivamente su registri interni; operazioni su registri di memoria non sono ammesse e, su necessità, bisogna esplicitamente provvedere al trasferimento dei dati tra la memoria e i registri interni.

La metrologia e' quella disciplina che regola tutte le norme relative al corretto uso delle unita' di misura , stabilisce i campioni di riferimento e definisce le modalità' necessarie per una corretta misurazione. Attraverso la conoscenza di queste norme noi possiamo usare correttamente le grandezza fisiche che si presentano continuamente durante il nostro lavoro o anche durante qualsiasi scambio di informazione che abbiamo con il nostro prossimo. Mentre discutiamo senza farci caso noi esprimiamo concetti che quantifichiamo o qualifichiamo attraverso l'uso di grandezze fisiche.

Si definisce misura l'indicazione quantitativa di una grandezza in relazione a una opopportuna unita' di misura. Ogni misurazione comporto un confronto con un riferimento noto di conseguenza non può essere considerata completa se non comprende l'indicazione della sua incertezza o il suo grado di affidabilità' .L'incertezza deriva sia da effetti casuali che si manifestano come variazioni dei risultati ottenuti ripetendo una misurazione , sia da effetti sistematici in un certo senso in un certo senso intrinseci al procedimento usato che quindi non variano durante la misurazione ma possono comunque essere causa di errori rilavati. Mentre gli effetti gli effetti casuali e l'errore che ne deriva possono essere ridotti con l'applicazione di tecniche statistiche , gli effetti sistematici devono essere studiati e valutati in sede di misurazione e devono essere sempre indicati esplicitamente come parte del risultato. Se l'errore casuale e' piccolo la misura si dice precisa ossia definita entro limiti ristretti ; se sia l'errore casuale sia quello sistematico sono piccoli allora la misura la misura e' accurata , cioè' vicina al valore reale della grandezza in esame.

1. Gli errori assoluti.

Data la scrittura x= xm + /- çx

definiamo errore assoluto di una misura la quantità' : çx essa rappresenta l'intervallo entro il quale siamo convinti che il valore vero della grandezza si trovi . A seconda che il risultato da noi fornito sia frutto di una singola misura o sia il passo finale dell'elaborazione di un gruppo di misure effettuate sulla grandezza in esame l'errore assoluto dipende quasi totalmente dal metodo di misura adottato e dagli strumenti usati , oppure e' correlato a particolari parametri statistici ottenibili dallo studio del gruppo di misure raccolto.

In particolare se abbiamo effettuato una sola misura della grandezza, l'errore assoluto che andremo ad associare alla nostra stima sarà legato a problemi di interpolazione, difficoltà nella lettura della scala dello strumento, sensibilità dello strumento usato o a qualsiasi altra fonte di errore casuale o sistematico.

Se invece, per la valutazione della stima della grandezza, abbiamo a disposizione un gruppo di dati costituiti da tutte le misure ripetute che abbiamo effettuato, possiamo ragionevolmente ritenere che queste si siano distribuite secondo una distribuzione normale (ovviamente in assenza di errori di tipo sistematico) e assumere come errore assoluto da associare alla singola misura la cosiddetta deviazione standard .

In ultimo si noti che sia che venga definito attraverso la deviazione standard o avvalendosi delle caratteristiche degli strumenti usati, l'errore assoluto ha la stessa unità di misura della grandezza osservata.

Gli errori relativi

L'errore assoluto ci da un'indicazione dell'intervallo entro in quale ci
aspettiamo ragionevolmente che si trovi il valore vero della grandezza
osservata però non descrive un quadro completo della situazione.
Infatti mentre un errore di un centimetro su una distanza di un chilometro
indicherebbe una misura insolitamente precisa, un errore di un centimetro su
una distanza di quattro centimetri indicherebbe una valutazione piuttosto
rozza.
Diventa allora importante considerare l'**errore relativo** (o *errore frazionario*)
così definito:errore relativo =çx / ¥x
dove çx è l'errore assoluto e x è la nostra migli
Contrariamente all'errore assoluto, l'errore relativo non ha le stesse
dimensioni della grandezza, ma è adimensionale: per questo motivo molto
spesso si preferisce esprimerlo in forma percentuale, moltiplicandolo per 100.
Ad esempio:
grandezza $x = (75+/-3)$ unità x
ha un errore relativo pari a: çx / ¥x $= 3/75 = 0.04$
di conseguenza un errore in forma percentuale pari al 4 %.
L'errore relativo costituisce un'indicazione della qualità di una misura, in
quanto esso rappresenta la precisione della misura stessa.

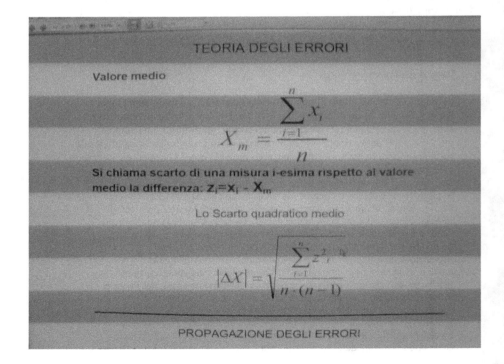

TEORIA DEGLI ERRORI

Valore medio

$$X_m = \frac{\sum_{i=1}^{n} x_i}{n}$$

Si chiama scarto di una misura i-esima rispetto al valore
medio la differenza: $z_i = x_i - X_m$

Lo Scarto quadratico medio

$$|\Delta X| = \sqrt{\frac{\sum_{i=1}^{n} z_i^2}{n \cdot (n-1)}}$$

PROPAGAZIONE DEGLI ERRORI

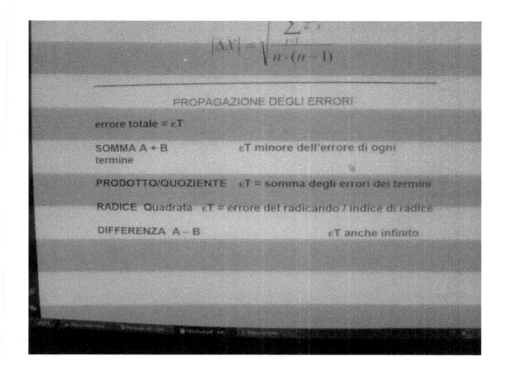

$$|\Delta x| = \sqrt{\frac{\sum_{i=1}^{}}{n \cdot (n-1)}}$$

PROPAGAZIONE DEGLI ERRORI

errore totale = εT

SOMMA A + B   εT minore dell'errore di ogni termine

PRODOTTO/QUOZIENTE   εT = somma degli errori dei termini

RADICE Quadrata   εT = errore del radicando / indice di radice

DIFFERENZA A – B   εT anche infinito

Strumenti di misura

Possono essere classificati a seconda del modo con cui è misurata la grandezza elettrica, si hanno: 1) strumenti indicatori che visualizzano istantaneamente il valore della quantità misurata senza memorizzarla; 2) strumenti registratori che forniscono l'andamento temporale della grandezza da misurare; 3) strumenti integratori che forniscono in uscita l'integrale nel tempo della grandezza in oggetto, sono anche detti contatori.
In questo breve compendio pro-corso tratteremo soltanto gli strumenti indicatori. Si possono avere strumenti indicatori analogici e strumenti indicatori digitali. Vediamone le specifiche più importanti.
Si possono avere strumenti indicatori analogici e strumenti indicatori digitali. Vediamone le specifiche più importanti.

4.Strumenti indicatori analogici
In tali strumenti il risultato della misura è fornito dalla lettura della deviazione di un indice materiale o luminoso che si muove su una scala graduata, la deviazione dell'indice è una funzione continua della grandezza misurata.
Si hanno strumenti analogici elettromeccanici e strumenti analogici elettronici.
Gli strumenti analogici elettromeccanici sfruttano fenomeni per i quali l'interazione di grandezze elettriche o magnetiche dà luogo ad una forza o ad

una coppia meccanica. Sono costituiti da un equipaggio mobile, avente una posizione iniziale di riposo, sul quale agisce una coppia motrice C_{MX} funzione continua della grandezza elettrica G_X che si intende misurare. Alla coppia motrice viene opposta una coppia antagonista, normalmente di tipo elastico e realizzata tramite una molla, che tende a ricondurre l'equipaggio mobile nella posizione iniziale al cessare dell'azione prodotta dalla coppia motrice stessa. Dall'equilibrio delle due coppie, trascurando gli attriti, si ottiene una deviazione angolare d_{AX} proporzionale alla grandezza elettrica misurata. All'equipaggio mobile viene fissato un indice che ruota in corrispondenza di una scala graduata in divisioni che permette la lettura dello strumento sotto forma di numero di divisioni d_X.

A seconda del principio di funzionamento alla base del convertitore elettromeccanico si possono avere diversi tipi di strumenti. I più importanti sono:

1. strumenti magnetoelettrici (detti a bobina mobile), usati in corrente continua e che possono essere impiegati come amperometro, voltmetro, Ohmetro. Portano il simbolo disegnato sotto impresso sul quadrante.

2. strumenti elettromagnetici (detti a ferro mobile), usati sia in corrente continua che alternata e che possono essere impiegati come amperometro, voltmetro, frequenzimetro. Portano il simbolo disegnato sotto impresso sul quadrante.

3. strumenti elettrodinamici, usati sia in corrente continua che alternata e che possono essere impiegati come amperometro, voltmetro, frequenzimetro, wattmetro, contatore. Portano il simbolo disegnato sotto impresso sul

4. strumenti ad induzione, usati in corrente alternata e che possono essere impiegati come wattmetro, contatore. Portano il simbolo disegnato sotto impresso sul quadrante.

5. Gli strumenti analogici elettronici sono impiegati per misure sia in continua che in alternata e contengono apparati elettronici (quali filtri, oscillatori, raddrizzatori, amplificatori, ...) che manipolano la grandezza elettrica da misurarsi G_X trasformandola in corrente continua I_{GX} ad essa proporzionale misurata infine da uno strumento magnetoelettrico. La presenza di un amplificatore permette di realizzare strumenti ad alta sensibilità. Ulteriore caratteristica di questi strumenti è quella di avere una altissima impedenza d'ingresso con conseguente bassissimo consumo. Quale aspetto negativo si ha la necessità di alimentarli (solitamente alla tensione alternata di **220 [V]**, **50 [Hz]**) perché possano funzionare gli apparati elettronici che li compongono, mentre gli apparecchi elettromeccanici non esigono alimentazione. L'impiego più comune è come voltmetro o frequenzimetro, anche se attualmente tendono ad essere sostituiti dagli strumenti digitali.

Le specifiche più importanti che caratterizzano uno strumento analogico sono:
a) **sensibilità:** rappresenta il rapporto tra una variazione DG_X della grandezza misurata e la corrispondente variazione Dd_X della deviazione dello strumento. L'unità di misura della sensibilità è il rapporto tra l'unità di misura della grandezza oggetto della misurazione e l'unità di misura della deviazione (ad esempio per un voltmetro si ha [V/d]).

b) **risoluzione**: esprime la minima variazione della grandezza misurata rilevabile con sicurezza attraverso uno spostamento dell'indice.

c) **portata**: indica il valore massimo della grandezza incognita misurabile con lo strumento. La portata corrisponde al limite superiore assoluto del campo di misura.

d) **sovraccarico:** indica la possibilità di effettuare misure di grandezze superiori alla portata, il sovraccarico è spesso espresso in percento della portata.

e) **prontezza**: è il tempo impiegato dallo strumento per indicare il valore della grandezza misurata entro i suoi limiti di accuratezza.

f) **gamma di frequenza**: è l'intervallo di frequenza entro il quale lo strumento assicura l'accuratezza nominale.

g) **impedenza d'ingresso**: è l'impedenza [W] offerta dallo strumento al segnale da misurare, per gli strumenti elettromeccanici ha una natura prevalentemente Ohmica.

h) **indice della classe di precisione**: definisce l'accuratezza dello strumento ed è il limite superiore dell'errore assoluto

SISTEMA INTERNAZIONALE
Direttiva del consiglio CEE del 18 ottobre 1971
UNITA' DERIVATE
Velocità = m/s
Accelerazione angolare = rad/s2
Accelerazione = m/s2
Frequenza = 1Hz = 1 s-1
Forza (newton) = 1 N = 1 kg m/s2
Pressione (pascal) = 1 Pa = 1 N/m2
Lavoro (Energia) (Joule) = 1J = 1 N m
Potenza (watt) = 1W = 1N m/s = 1J/s
Carica elettrica (Coulomb) = 1 A s
Flusso luminoso (lumen) = 1 cd sr
Illuminamento (lux) = 1 lx = 1 lm/m2
Dose assorbita (gray) = 1 Gy = 1 j/kg
Esposizione (sieveret) = 1 C/kg
Attività (becquerel) = **1 s-1**
Potenziale elettrico (volt) = **1 V** = 1 W/A = 1 Wb/s
Capacità elettrica (farad) = **1 F** = 1 C/V
Flusso magnetico (weber) = **1 Wb** = 1 V s
Induzione magnetica (tesla) = **1 T** = Wb/m2
Induttanza (henry) = **1 H** = 1 V s/A
Impedenza (ohm) = **1 W** = 1 V/A
Quantità di informazioni = **bit**
Velocità delle informazioni = **baud** = bit/s
Viscosità dinamica (decapoise) = **1 h** = N s m-2
Viscosità cinematica (miriastokes) = **1 n** = m2 s-1

ANTENNE

Il significato di antenna e' : lo strumento in grado di trasmettere e/o ricevere onde elettromagnetiche nello spazio libero , le antenne si adottano nei sistemi di telecomunicazioni e telerilevamento .
Alle alte frequenze tutte le strutture aperte sono in grado di fungere da antenna , tuttavia le antenne sono strumenti molto più' efficienti con capacita' direzionali , e intensità' di trasmettere le radiazioni elettromagnetiche

Le antenne si possono classificare :

1. Antenna a filo
2. Dipoli hertziani
3. Antenna a spira
4. Dipolo in mezza onda
5. Antenna a fessura risonante
6. Antenna a guida troncata
7. Antenna a tromba
8. Antenna a schiera
9. Antenna a schiera lineare uniforme
10. Antenna "broadside"
11. Antenna schiere "endfire"
12. Antenna a schiere lineari di dipoli
13. Antenna a schiera Yagi-uda
14. Antenna con dipoli e riflettori piani
15. Antenna parabolica

1. Antenna a filo

L'antenna a filo e' costituita da fili metallici o da strutture assimilabili a fili.
Esempio tralicci metallici

2.Dipoli hertziani

Sono formati da estremità' a sferette terminali assimilabili alle armature di
un condensatore

3.Antenna a spira

E' costituita da una o più' spire di conduttore metallico di dimensioni molto
minori della lunghezza d'onda , alimentate attraverso una coppia di terminali

4 .Dipolo in mezza onda

E' formata da tondini metallici , oppure fili metallici sorretti alle estremità'
o tralicci metallici

5 . Semidipoli

E' formato da un braccio e' da un piano metallico

6.Antenna a fessura risonante

E' formata da una stretta fessura ricavata su un piano metallico alimentata
da una guida d'onda , di solito questo tipo di antenna e' impiegata nella
banda delle microonde

7. Antenna a guida troncata

Utilizza un'estremità' aperta per irradiare le radiazione elettromagnetiche

8.Antenna a tromba

E' un antenna a guida troncata , la cui estremità' e' gradualmente allargata
per favorire una maggiore capacita' direttiva .

9.Antenna a schiera

Si utilizza per concentrare la radiazione in angoli stretti quali , radar ,
antenne per ponti radio , antenne per diffusione televisiva., e' formata
da schiere di radiatori identici ed ugualmente orientati , si alimentano
con ampiezza e fase appropriate i singoli radiatori , scegliendo la loro
posizione opportunamente , si fa in modo interferiscono costruttivam-
ente solo all'intorno di certe direzioni , per formare un'intensa radiazione concentrata a tali direzioni , le schiere di radiatori sono costituite
da dipoli , fessure e guide troncate

10. Antenna a schiera lineare uniforme

E' formata da N radiatori allineati ed equispaziati

11. Antenna "broadside"

E' un tipo particolare di antenna di antenna a schiera , che danno luogo alla massima interferenza costruttiva nelle direzioni perpendicolari all'asse (90 °)

12 Antenna schiere "endfire"

In queste schiere la massima interferenza costruttiva e' data sull'asse a 180°

13 Antenna a schiere lineari di dipoli

In questo caso l'intensità di radiazione massima (nella direzione 90°) e' n^2 volte di quella di un solo dipolo

14 Antenna a schiera Yagi-uda

l'antenna Yagi-uda e' una schiera endfire di dipoli , che si usa in particolare
nelle bande VHF , UHF , specie con antenna televisiva ricevente quest'antenna e' costituita da una schiera di dipoli di lunghezza prossima a mezz'onda.
Uno dei radiatori (dipolo attivo) viene alimentato direttamente , mentre gli
altri radiatori (dipoli passivi) sono costituiti da una barra metallica priva di
terminali .In quest'ultimi elementi con i terminali in ingresso chiusi , in
cortocircuito,le correnti sono indotte grazie all'accoppiamento con il dipolo
attivo. Modificando leggermente le lunghezze dei dipoli passivi si può' fare
in modo le fasi delle correnti indotte assumono i valori necessari a creare la
massima interferenza costruttiva nella direzione y>0 dato che le variazioni
di lunghezza per ottenere l'effetto desiderato sono piccole ,i dipoli possono
essere considerati uguali tra loro l'antenna può' essere vista come una schiera
endfire

15 Antenna con dipoli e riflettori piani

La direttività' di un dipolo può' essere accresciuta ponendo parallelamente
ad esso un piano metallico distante un quarto d'onda

16 Antenna parabolica

Nella banda delle microonde e delle onde millimetriche, le antenne ad alta
direttività' sono realizzate con un riflettore parabolico ,che riflette l'onda
sferica indirizzata su di esso da un radiatore primario poco direttivo detto
(illuminatore) posto sul fuoco .Le dimensioni del riflettore sono molto maggiori della lunghezza d'onda , cosi' nelle vicinanze l'onda riflessa puo ' es-
re studiata con l'ottica geometrica

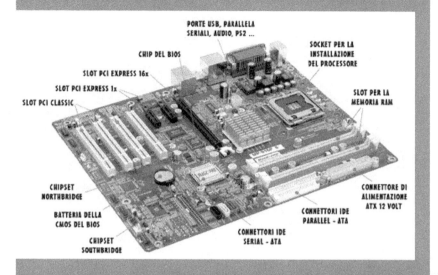

Scheda Madre

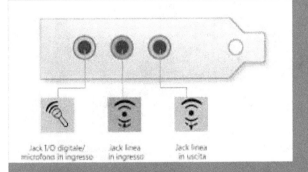

Jack I/O digitale/
microfono in ingresso

Jack linea
in ingresso

Jack linea
in uscita

Ingresso Cuffie e Microfono

Ingresso USB

Memoria

Ingresso USB

Memoria

Case

SD Drive e Micro SD Drive , collocata all'interno

Hard-Disk drive , ne esistono due tipo Pata , detto Ide con l'attacco classico e Sata , con l'ingresso a cinghiettina.

La descrizione delle schede del computer e' sommaria .Si può' riempire l'ultima pagina , vuota .con un riepilogo dei componenti osservati .

INDICE

INDICE

www.ingramcontent.com/pod-product-compliance
Lightning Source LLC
Chambersburg PA
CBHW061026050326
40689CB00012B/2713